おとなの100円丼

毎日を幸せにする
ガッツリレシピ

toshiya 原案／篠田真帆 監修

はじめに

はじめまして、ｔｏｓｈｉｙａです。

ふだんは料理とはまったく違う仕事をしていて、６歳、２歳、０歳の三姉妹を育てるパパでもあります。

このたび、男が作るから「男飯」、ただそれだけの発想で作ってきた料理が一冊にまとまりました。

はじめは友人につられてインスタグラムで料理を発信するようになりました。でも、いろいろやっているうちに、ご飯の上におかずが乗っかってきて、気がつくと丼専門店みたいに……。

料理はゲームみたいだと思います。基本さえ頭に入れれば、自分で食材の組み合わせを変えたり、味付けや調理方法を変えたりして、自由自在に楽しむことができます。

子供のころに料理を教わった記憶はないのですが、母が料理する姿をよく横で見ていたことは覚えています。ですから、料理に対する興味は昔からあったのかもしれません。

結婚する前はあまり料理をしなかった私も、共働きで家事を分担し、その振り分けで料理はパパメインになっていく中で、すっかりハマってしまいました。

インスタグラムでは、毎朝自分のために作ったご飯を載せています。どれも気ままに、大盛りに、時には自分で釣ったマグロなども丼にしています。ぜひ、ご覧になってみてください。

今回の本では、私がコツコツと発表してきた料理を元に、料理研究家の篠田真帆さんにレシピを作ってもらいました。また、いくつか彼女の作品も一緒にご紹介しています。

できるだけ材料費を１００円以内に収めましたが、がんばる大人にはご褒美も大事！　各章に「ぜいたくレシピ」も作りました。とはいっても、コスパは外食の比ではありません。「こんなに安いのに、こんなに幸せに満腹になれるのか……！」と感動して召し上がっていただけたら、著者冥利に尽きます。

toshiya (@toshiya.sh)

もくじ

粋でヘルシーといえば魚介

豆腐でじんわり旨い

野菜でも満腹になれますよ！

ご飯モノの新境地!!

※★が付いたレシピは篠田真帆が考案、それ以外はtoshiyaがインスタグラム上で発表した料理を元にしています。

本書のルール

・本書では基本的に、1人分の材料の値段が100円以内で作れる丼を紹介しています。ただし、「今日は特別ガッツリ食べたい！」という方のために、100円を超える「ぜいたく丼」もいくつか掲載しました。該当レシピには、その旨表示してあります。
・丼レシピには1人分の値段の目安が表示されています。
・各レシピにおいて、ご飯の主食、油や調味料、スープの素などの常備食材やトッピングに適量などと表示された食材は値段に含まれていません。
・本書に表示した価格は2018年11～12月現在の編集部調べです。主に東京近郊のスーパーマーケットやネットスーパーの特売品を参考にしています。
※丼のご飯は250～300g使用していますが、お好みで調整してください。
※計量の単位は、1カップ＝200㎖、大さじ1＝15㎖、小さじ1＝5㎖です。
※水溶き片栗粉は、水2に対して片栗粉1の割合で調理をしております。
例：水溶き片栗粉…小さじ3＝水小さじ2＋片栗粉小さじ1
※材料表に記した個数・本数、材料・調味料の分量は、あくまで目安です。お好みやその日の空腹度で調整してください。
※特に表示のないかぎり、魚介類や野菜の「洗う」「皮をむく」「ヘタを取る」「根元を取る」「種を取る」などの下処理は省略しています。
※材料を焼いたり炒めたりする際の油は、基本的に記載を省略しています。各自のご判断で、サラダ油等をご使用ください。
※本書では電子レンジは600W、オーブントースターは1200Wを基準にしております。機種によって加熱時間に差があるので、表示時間を目安に様子を見ながら加熱してください。

日本の朝は納豆から！

野菜で彩りを

シンプルイズベストな

納豆ししとう丼

TOTAL PRICE
¥92

【材料】（1人分）

納豆…1パック
ししとう…4本
ウインナー…3本
しょうゆ…小さじ1/2
うま味調味料…小さじ1/4

【作り方】

1. ししとう、ウインナーを食べやすい大きさに切る。
2. フライパンに①を入れ炒める。しょうゆ、うま味調味料を入れ、さらに炒める。
3. ご飯を器によそって、②と納豆を盛りつけたら完成。

ONE POINT 納豆は代謝を助けるとされるマグネシウムも豊富です。

納豆

バターのコクがうれしい！

カラフル納豆丼

TOTAL PRICE
¥91

【材料】（１人分）

納豆…１パック
オクラ…３本
コーン（缶詰）…大さじ1
ウインナー…３本
バター…5g
しょうゆ…小さじ1

【作り方】

1 オクラは沸騰したお湯にさっと通し色付けをする。

2 ウインナーとオクラを食べやすい大きさに切る。

3 フライパンにバターを入れ加熱し、②を入れてしょうゆで味付けをする。

4 ご飯を器によそって、③と納豆とコーンを盛りつけたら完成。

ONE POINT 楽しい彩りで、子どもも美味しく納豆生活！

さわやか風味で

さくネバ食感で体スッキリ

長いも納豆丼

TOTAL PRICE
¥69

【材料】（1人分）

納豆…1パック
長いも…80g
長ねぎ…適宜
卵黄…1個

A	しょうゆ…小さじ2
	みりん…小さじ2
	白だし…小さじ1

【作り方】

1. Aを合わせタレを作り、そこへサイコロ状に切った長いもを入れ、30分つけておく。
2. ご飯を器によそって、①と納豆、卵黄を盛りつけ、長ねぎを散らしたら完成。

ONE POINT ネバネバ食材は、風邪や生活習慣病の予防、便秘解消をはじめとする様々な効果があります!

サッパリの中に旨みたっぷり

納豆たくあんキムチ丼

TOTAL PRICE ¥96

【材料】（1人分）

納豆…1パック
キムチ…100g
たくあん…薄切り1～2枚
卵黄…1個分
小ねぎ…適宜

【作り方】

1. たくあんを細切りにする。
2. ご飯を器によそって、①とすべての材料を盛りつけ、小ねぎを散らしたら完成。

ONE POINT 胃もたれせずに、満腹になりたい時にも最適。

朝から濃厚

遠慮なく、混ぜてどうぞ!!

豚キムチ納豆丼

TOTAL PRICE
¥94

【材料】（1人分）

納豆…1パック
豚バラ肉…40g
キムチ…50g
卵黄…1個
A　しょうゆ…小さじ1/2
　　ごま油、砂糖…各小さじ1/2
　　塩こしょう…少々

【作り方】

1. 豚バラ肉を食べやすい大きさに切り、フライパンで加熱する。
2. 豚バラ肉に火が通ったら、キムチ、Aを加える。
3. ご飯を器によそって、②と納豆と卵黄を盛りつけたら完成。

ONE POINT　物足りない人は、溶けるチーズを加えてさらに濃厚に。

納豆

歯ごたえがたまらない

納豆クルミそぼろ丼

TOTAL PRICE
¥100

【材料】（1人分）

納豆…1パック
豚ひき肉…80g
たまねぎ…1/4個
クルミ…10g
ごま油…小さじ2
A
- しょうゆ…小さじ2
- みりん…小さじ2
- 酒…小さじ2
- 味噌…小さじ2

卵黄…1個
小ねぎ…適宜

【作り方】

1. たまねぎをみじん切りにする。
2. フライパンにごま油を入れて熱し、そこへ豚ひき肉、たまねぎを入れ炒める。
3. 豚ひき肉に火が通ったら、Aとくるみを入れて、さらに炒める。
4. 火を止め、納豆を入れ和える。
5. ご飯を器によそって、④と卵黄を盛りつけ、小ねぎを散らしたら完成。

ONE POINT くるみを入れることで、より食べごたえがあり、栄養価の高いどんぶりになります!

toshiyaに質問①

納豆の魅力とは？

たくさんの納豆アレンジレシピを公開しているtoshiyaさん。
その理由を訊いてみました。

Q：納豆にウインナーをプラスするなど、斬新なレシピを考えるようになった理由は？

A：「納豆という食べ物をどう定義するか？」。これにかかわってくると思います。

　多くの方は、ご飯のおともとして、納豆のみで完成形だと考えていると思います。かき混ぜてねぎとしょうゆ、あとはかつお節とか卵とかがオーソドックスですね。

　でも、私は「ただの食材」と考えています。そう考えると、バリエーションは無限に広がります。アレンジできて楽しいし、美味しいし（不味くなることはないってほうが正解の気がしますが！）。

　きっかけは何ですかね～。昔からだからよく分かりません。ちなみにCoCo壱番屋でカレーを食べるときは、トッピングで納豆はいつも頼みます。

Q：toshiyaさんオススメの納豆の美味しい食べ方を教えてください。人によっては、よくかき混ぜるのがコツだといいますが？

A：混ぜ方？　とくにないですよ……。シンプルで一番オススメなのは、バターしょうゆですね。これめちゃ美味いです。子どもの頃から納豆はこれでした。

　ちなみに、ウチは小粒派です。大粒になると主張が強すぎて。

もちろん、編集部でも納豆ウインナー丼を試食！　あっさりした納豆に、ウインナーの脂とパリッとした歯ごたえが組み合わさり、納豆の新しい可能性を実感しました。

目玉焼きはテンションが上がる

マヨネーズに一工夫！

目玉焼きwithししゃも丼

TOTAL PRICE ¥98

【材料】（1人分）

卵…1個
ししゃも…3匹
しそ（大葉）…1～2枚
七味唐辛子…適宜

A
- マヨネーズ…大さじ1
- 味噌…小さじ1/2
- にんにくチューブ…1cm程度

【作り方】

1. フライパンでししゃもを両面焼く。目玉焼きを作る。
2. Aを混ぜ合わせソースを作る。
3. ご飯を器によそって、すべての具材を盛りつけたら完成。

ONE POINT マヨネーズを直に絞っても、もちろん美味しい。

目玉

野菜でほっこり満腹に

じゃがピーマン目玉丼

TOTAL PRICE ¥79

【材料】（1人分）

卵…1個
じゃがいも…1個
ピーマン…1個
ウインナー…2本
コンソメ（顆粒）…小さじ1
バター…5g
塩…少々

【作り方】

1. 目玉焼きを作り、ウインナーもゆでる。
2. じゃがいも、ピーマンを食べやすい大きさに切る。
3. フライパンにバターを入れ加熱し、コンソメ、塩で味をととのえる。
4. ご飯を器によそって、すべての具材を盛りつけたら完成。

ONE POINT ピーマンを細めに切ると、歯ごたえが良くアクセントになります。

万能野菜で

香ばしさに悶絶

焦がしねぎ目玉丼

TOTAL PRICE
¥80

【材料】（1人分）

卵…1個
九条ねぎ…3本
納豆…1パック
A｜味噌…小さじ1
　｜みりん…小さじ1
七味唐辛子…適宜

【作り方】

1 目玉焼きを作る。

2 九条ねぎを食べやすい大きさに切り、フライパンで焼き色がつくまで加熱する。

3 ②にAを加え味をつける。

4 ご飯を器によそって、すべての具材を盛りつけたら完成。

ONE POINT 食べるラー油で味付けしても素敵。

目玉

ぜいたく丼

バランスの良い「活力メシ」

トマトベーコンエッグ丼

TOTAL PRICE
¥118

【材料】（1人分）

卵…1個
ミニトマト…4個
ベーコン…2枚
オリーブオイル…適量
塩こしょう…少々

【作り方】

1. 目玉焼きを作る。
2. フライパンでベーコンを焼く。
3. フライパンにオリーブオイルを入れ、ミニトマトを加え加熱する。塩こしょうで味をととのえる。
4. ご飯を器によそって、すべての具材を盛りつけたら完成。

ONE POINT プチトマトは皮が破れるくらい火を通してOK。

甘辛い肉と一緒に

野菜たっぷり、スタミナもチャージ

焼肉フライドエッグ丼

TOTAL PRICE
¥82

【材料】(1人分)

牛肉こま切れ…50g
ブロッコリー…1/4株
A 焼き肉のタレ…大さじ1
A しょうゆ…小さじ1
卵…1個

【作り方】

1. ブロッコリーをゆで、色付けする。目玉焼きを作る。
2. 牛肉こま切れを食べやすい大きさに切り、フライパンで加熱する。
3. 牛肉こま切れに火が通ったら、ブロッコリーとAを加え、さらに炒める。
4. ご飯を器によそって、③と目玉焼きを盛りつけたら完成。

ONE POINT ブロッコリーをゆですぎると歯ごたえがなくなってしまうため、ゆで時間は1分程度が目安!

ふんわり
とろとろ卵の
誘惑

やわらか卵とひき肉の幸福感

ニラ玉丼

TOTAL PRICE
¥86

【材料】（1人分）

卵…2個
豚ひき肉…80g
ニラ…3本
A
しょうゆ…小さじ2
砂糖…小さじ2
酒…小さじ2
ウスターソース…小さじ1

【作り方】

1. フライパンで豚ひき肉を炒める。
2. そこへニラ、Aを加え、ニラがしなっとするまで加熱する。最後に溶き卵を入れる。
3. ご飯を器によそって、②を盛りつけたら完成。

ONE POINT 肉を炒める際に輪切り唐辛子を入れても!

とろ玉

スパムの塩気が絶妙なアクセントに

濃厚！ スクランブルスパム丼

TOTAL PRICE ¥79

【材料】（1人分）

卵…2個
スパム（缶詰）…50g
A
- 牛乳…大さじ2
- マヨネーズ…小さじ2
- コーヒーフレッシュ…1つ
- スライスチーズ…1枚
- 塩こしょう…少々
- バター…10g

乾燥バジル…好みで

【作り方】

1. スパムを食べやすい大きさに切り、フライパンで焼き色がつくまで加熱する。
2. ボウルで卵を溶き、さらにAを加える。
3. 別のフライパンで②が半熟になるまで焼く。
4. ご飯を器によそって、①と③を盛りつけ、お好みでバジルを振って完成。

ONE POINT コーヒーフレッシュを加えると、より本格的な味に。

炒めても揚げても

卵でゴーヤの苦みをソフトに！

ゴーヤチャンプル風丼

TOTAL PRICE
¥65

【材料】（1人分）

卵…1個
ゴーヤ…1/4本
豚バラ肉…40g
塩こしょう…少々
塩…少々
塩（ゴーヤ下処理用）…少々
A しょうゆ…小さじ1/2
　オイスターソース…小さじ1/2
　だしの素（顆粒）…小さじ1/2

【作り方】

1. ゴーヤは塩もみし、苦みを軽減させる下処理をしておく。
2. フライパンで豚バラ肉を炒め、軽く塩こしょうを振る。さらにゴーヤを入れ、塩を振り、Aで香りをつける。
3. ②に溶いた卵を入れ、軽く炒める。
4. ご飯を器によそって、③を盛りつけたら完成。

ONE POINT お好みでかつお節をかけて。

玉とろ

ゆで卵が豪華に変身！

卵天丼

TOTAL PRICE
¥74

【材料】（1人分）

卵…2個
アスパラガス…2本
しそ（大葉）…1枚

A	小麦粉…50g 水…80ml マヨネーズ…大さじ1
B	みりん…大さじ3 しょうゆ…大さじ1 だしの素（顆粒）…小さじ1/2 砂糖…小さじ2

【作り方】

1. ゆで卵を作る。
2. Aを混ぜ合わせる。
3. ①とアスパラガス、しそを②につけ、油で揚げる。
4. ご飯を器によそって、③を盛りつけ、Bを混ぜ合わせたものをかけたら完成。

ONE POINT 油で揚げる際も加熱されるので、卵は半熟にゆでましょう！

toshiyaに質問②
卵料理を美味しく作るには？

インスタグラムでもとくに絶賛されているのが、卵の存在感。そんな美味しそうな卵の調理法を尋ねてみると……？

Q：ふわとろ卵の焼き方を教えてください。

A：「卵の混ぜ方、温度、時間」。ポイントはこの3つかと思います。

卵にほんの少しだけ、お塩と牛乳を入れてかき混ぜます。お箸ではなく、ホイッパーでよく混ぜています。本文中では、コツとしてコーヒーフレッシュを入れるという篠田さんのワンポイントが紹介されていましたね。牛乳も同じような役割を果たしてくれます。

そして、サラダ油を入れて強火で熱します。十分に熱くなってから卵液を一気にフライパンに入れます。

数秒で出来上がりますが、忘れてはいけないのが、盛りつける器を必ず準備しておくこと。卵液を入れる。泡立ってくる。かき混ぜる。はい完成！　そしてすぐ盛りつける。たぶん数秒です。

Q：シンプルな卵料理では、何がオススメですか？

A：目玉焼きとゆで卵ですかね～。この2つは食べても美味しいし、コツが分かるとすごく綺麗に作れます。

目玉焼きを作るときは、まずステンレス製のザルに卵を割り入れます。そうすると白身のサラサラした部分が取り除けます。その生卵を小さいお椀に入れます。

焼く際は、中火で熱したフライパンにお椀からゆっくり入れていきます。時間は各ご家庭のキッチン環境によっても変わりますが、数分で綺麗な形の目玉焼きができますよ！　ちなみにフライパンに蓋はしない派です。でも、奥さんの分を作るときは蓋を少しだけします。

ゆで卵は「水から派」と「熱湯から派」がいると思いますが、私は「熱湯から派」です。

まずはお湯を沸かします。次に卵3つをゆっくり投入。一番弱火にして8分50秒でベスト半熟卵ができます。これもキッチン環境で変わるので、何度か実験をすればマイベストタイミングが分かると思います。

ぜひぜひ、読者の皆様もお試しください！

子どもも大人も
肉で幸せに

子どもも黙る美味しさ

TOTAL PRICE
¥76

ホクホクにんにくが名脇役

ベーコンガーリック丼

【材料】（1人分）

ベーコン（ブロック）…70g
にんにく…1片
卵黄…1個
バター…10g
A｜しょうゆ…小さじ2
　｜塩こしょう…少々

【作り方】

1. ベーコンをサイコロ状にカットし、にんにくも薄切りにする。
2. フライパンにバターを入れ加熱し、さらに①を入れ、焼き色がつくまで炒める。Aで味をととのえる。
3. ご飯を器によそって、②と卵黄を盛りつけたら完成。

ONE POINT にんにくは疲労回復や滋養強壮に効果的。疲れた日こそ、ガッツリ丼はいかがですか？

肉

懐かし旨い

ポークケチャップチーズ丼

TOTAL PRICE
¥99

【材料】（1人分）

豚肩ロース切り落とし…100g
たまねぎ…1/4個
A
ケチャップ…大さじ1
ウスターソース…小さじ2
コンソメ（顆粒）…小さじ1
にんにくチューブ…3cm
水…100cc
溶けるチーズ…適量
長ねぎ…適宜

【作り方】

1. 豚肩ロース切り落としと、食べやすい大きさに切ったたまねぎをフライパンに入れ、加熱する。
2. 肉に火が通り、たまねぎがしなっとなったら、Aを加える。
3. 溶けるチーズも入れ、溶けたら火を止める。
4. ご飯を器によそって、③を盛りつけ、長ねぎを散らしたら完成。

ONE POINT ウスターソースの代わりにオイスターソースでも美味しいですよ。

角煮祭り

ぜいたく丼

甘いお肉と卵にとろける

Wとろとろ角煮丼

TOTAL PRICE ¥135

※1人分

【角煮の材料】（2人分）

豚バラ肉（ブロック）…300g

A
- 水…400ml
- しょうゆ…大さじ4
- 酒…大さじ3
- みりん…大さじ2
- 砂糖…大さじ2
- しょうがチューブ…4㎝

【角煮丼の材料】（1人分）

上記の角煮…半量

卵…1個

小ねぎ…適宜

【作り方】

1. 豚バラ肉を食べやすい大きさに切り、フライパンで中火で3分程度加熱する。
2. 鍋に①とAを加え、アルミ落とし蓋、鍋蓋をして弱火で1時間程度煮込む。
3. ご飯を器によそって、②と温泉卵を盛りつけ、小ねぎを散らしたら完成。

ONE POINT 角煮の煮汁で、一緒に煮卵を作ってもGOOD！　残り15分程度の時に鍋にゆで卵を加えましょう。

肉

ぜいたく丼

タレが染みた角煮をアレンジ

2日目の角煮丼

TOTAL PRICE
¥140

【材料】（1人分）

角煮…150g
たまねぎ…1/4個
角煮の煮汁…100ml
水…50ml
卵黄…1個
小ねぎ…適宜

【作り方】

1. 角煮をさらに細かく切りくずす。たまねぎは食べやすい大きさに切る。
2. 鍋にすべての材料を入れ、たまねぎがやわらかくなるまで加熱する。
3. ご飯を器によそって、②を盛りつけ、お好みで小ねぎを散らしたら完成。

ONE POINT 煮込み中に水分がなくなってしまったら、適宜お水を追加してください。

和食の定番

ガッツリ和食といえばコレ

しょうが焼き丼

TOTAL PRICE
¥86

【材料】（1人分）

豚肩ロース切り落とし…80g
たまねぎ…1/4個
しめじ…1/4パック
A
しょうゆ…小さじ2
酒…小さじ1
みりん…小さじ2
しょうがチューブ…3cm
九条ねぎ…適宜

【作り方】

1. 豚肩ロース切り落としと、食べやすい大きさに切ったたまねぎをフライパンで加熱する。
2. ①に火が通ったらしめじ、Aを加え、さらに炒める。
3. ご飯を器によそって、②を盛りつけ、九条ねぎを散らしたら完成。

ONE POINT きのこは冷蔵庫にあるものでOK!

肉

甘辛い大根にうっとり！

豚バラ大根丼

TOTAL PRICE
¥99

【材料】（1人分）

豚バラ肉…80g
大根…100g
しめじ…1/3パック
A
しょうゆ…大さじ1
みりん…大さじ1
酒…大さじ1
砂糖…大さじ1
だしの素（顆粒）…小さじ1/2
水…100ml
ごま油…小さじ2
小ねぎ…適宜

【作り方】

1 大根をいちょう切りにする。
2 フライパンにごま油を入れ熱し、さらに豚バラ肉、大根、しめじを入れ、焼き色がつくまで炒める。
3 ②にAを加え、煮汁が少なくなるまで加熱する。
4 ご飯を器によそって、③を盛りつけ、小ねぎを散らしたら完成。

ONE POINT 韓国の調味料ダシダを少しだけ加えても美味しいですよ！

これぞ男飯！

疲れた時の至福の一食

スタミナ豚丼

TOTAL PRICE
¥86

【材料】（1人分）

豚肩ロース切り落とし…80g
長ねぎ…1/2本
A
- 水…大さじ1
- 酒…大さじ1
- しょうゆ…大さじ1/2
- みりん…小さじ1/2
- にんにくチューブ…3cm

七味唐辛子…お好みで

【作り方】

1. 豚肩ロース切り落とし、斜め切りにした長ねぎをフライパンに入れ加熱する。
2. 肉に火が通ったらAを加え、さらに炒める。
3. ご飯を器によそって、②を盛りつけ、お好みで七味唐辛子をかけたら完成。

ONE POINT 長ねぎの白い部分の上部は、辛みと甘みのバランスが調和し、香りも良い。繊維が細く柔らかいため、斜め切りにして丼もの、鍋、麺類などで使用すると味が引き立ちます。

肉

刺激と栄養バランスの良さが自慢！

豚玉麻辣丼

TOTAL PRICE
¥70

【材料】（1人分）

豚バラ肉…50g
卵…2個
たまねぎ…1/4個
ほうれん草…2枚程度
A めんつゆ…大さじ1
　みりん…小さじ1
　塩こしょう…少々
麻辣ペッパー…お好みで

【作り方】

1. 豚バラ肉を食べやすい大きさに切り、たまねぎはクシ切りにする。
2. フライパンに①を入れ、焼き色がつくまで炒める。
3. ②にほうれん草とAを加えて、さらに炒める。
4. 最後に溶き卵を加え、半熟の状態で火を止める。
5. ご飯を器によそって、④を盛りつけ、お好みで麻辣ペッパーをかけたら完成。

ONE POINT 鶏肉で作っても美味！

ごほうびは牛肉

ぜいたく丼

止まらなくて危険すぎる

プルコギとろ玉丼

TOTAL PRICE ¥137

【材料】（1人分）

牛肉薄切り…100g
卵…1個

A
- しょうゆ…小さじ2
- 酒…小さじ2
- コチュジャン…小さじ1
- 砂糖…小さじ1/2
- ごま油…小さじ1
- にんにくチューブ…3センチ

小ねぎ…適宜

【作り方】

1. 牛肉を食べやすい大きさに切り、Aと混ぜ合わせ揉み込んでおく。
2. 卵を溶き、フライパンで半熟になるよう加熱する。
3. ご飯を器によそって、②を盛りつける。
4. フライパンに①を入れて加熱する。
5. ③に④を盛りつけ、小ねぎを散らしたら完成。

ONE POINT 上のレシピではプルコギの砂糖を少なめにして、卵にぴったりの味にしました！

ぜいたく丼

濃厚な旨味と辛さの競演！

プルコギキムチーズ丼

TOTAL PRICE ¥180

【材料】（1人分）

プルコギ（「プルコギとろ玉丼」参照）
…50g
キムチ…50g
溶けるチーズ…1枚

【作り方】

1. 熱したフライパンにプルコギ、キムチを入れてからめ、最後に溶けるチーズを入れる。
2. ご飯を器によそって、①を盛りつけたら完成。

ONE POINT 余熱でも溶けるので、チーズを入れたら加熱しすぎず、火を早めに止めてください!

鶏肉でヘルシーに

ぜいたく丼

甘辛ダレと水菜でどんどん入る！

鶏の照り焼き丼

TOTAL PRICE
¥133

【材料】（1人分）

鶏もも肉…150g
A
しょうゆ…小さじ4
みりん…小さじ2
酒…小さじ2
砂糖…小さじ1/2
水菜…1株

【作り方】

1. 鶏もも肉を食べやすい大きさに切り、フライパンで焼き色がつくまで加熱する。
2. Aを加え味付けをする。
3. ご飯を器によそって、②と水菜を盛りつけたら完成。

ONE POINT 水菜と組み合わせることで、くどくならず、かさ増し効果も！　食物繊維やカルシウムが豊富で、栄養をバランスよく摂取できるどんぶりになります！

ぜいたく丼

暑い夏でも食欲増進！

香草チキンの塩トマト丼

TOTAL PRICE ¥176

【材料】（1人分）

鶏もも肉…150g
オリーブオイル…小さじ2
乾燥バジル…小さじ1/2
乾燥ローズマリー…小さじ1/2
塩こしょう…少々
ミニトマト…4個

A	はちみつ…5g
	塩…小さじ1
	にんにくチューブ…2cm

【作り方】

1 ミニトマトを食べやすい大きさに切り、Aを混ぜ合わせたものに30分ほどつけておく。

2 鶏もも肉を食べやすい大きさに切り、バジル、ローズマリー、塩こしょうを振って揉んでおく。

3 フライパンでオリーブオイルを加熱し、②を焼いていく。

3 ご飯を器によそって、①と③を盛りつけたら完成。

ONE POINT ゆでたオクラを加えたら、見栄えもよく、味の相性もバツグン！

シンプルで奥深い

隠し味が決め手の

だし旨焼き鳥丼

TOTAL PRICE
¥68

【材料】（1人分）

鶏むね肉…100g
卵黄…1個

A
- しょうゆ…小さじ2
- みりん…小さじ1
- 酒…小さじ1
- 昆布だし（顆粒）…小さじ1/2
- 鶏ガラスープの素（顆粒）…小さじ1/2

九条ねぎ…適宜
七味唐辛子…お好みで

【作り方】

1. 鶏むね肉を一口大に切る。
2. フライパンに鶏むね肉を入れ、焼き色がつくまで加熱し、さらにAを加えて味付けする。
3. ご飯を器によそって、②と卵黄、九条ねぎを盛りつけ、お好みで七味唐辛子をかけたら完成。

ONE POINT 昆布だしと鶏ガラスープで一気に味が深まります！

粋で
ヘルシーといえば
魚介

卵と合わせて

心がなごむ柔らかな味わい

塩麹鮭玉丼

TOTAL PRICE
¥90

【材料】（1人分）

生鮭…1切れ
卵…1個
塩麹…大さじ1
しそ（大葉）…適宜

【作り方】

1. ジッパー付きの保存袋に生鮭と塩麹を入れ軽く揉み込み、空気を抜いて封をする。そのまま半日漬け込む（時間がないときは2時間）。
2. フライパンで①を両面焼き色がつくよう加熱する。
3. ②に溶き卵を加え、半熟の状態で火を止める。
4. ご飯を器によそって、③とお好みで刻んだしそを盛りつけたら完成。

ONE POINT 濃いめの味が好きな方は、しょうゆをかけても。

魚

癒される味で満腹に

しらす卵丼

TOTAL PRICE ¥64

【材料】（1人分）

しらす…20g
卵…2個
A しょうゆ…小さじ1
　白だし…小さじ1
　水…大さじ1
長ねぎ…適宜

【作り方】

1. 卵にAを加え、溶き卵を作る。
2. フライパンに卵、しらすを加え、半熟卵の状態で火を止める。
3. ご飯を器によそって、②と長ねぎを盛りつけたら完成。

ONE POINT しらす卵はホットサンドの具にもオススメ。

ぜいたく丼

じんわり大人の味

しらすたらこ卵丼

TOTAL PRICE ¥135

【材料】（1人分）

たらこ…1/2はら
卵…2個
水…大さじ1
しらす…適宜
長ねぎ…適宜

【作り方】

1. 卵に水を加え、溶き卵を作る。
2. フライパンで半熟の卵を焼く。
3. ご飯を器によそって、②とたらこ、しらす、長ねぎを盛りつけたら完成。

ONE POINT ご飯を抜いて、酒の肴にしても美味。

大人の辛み

ぜいたく丼

ご飯のおとも3種がそろった

めんたい高菜卵丼

TOTAL PRICE ¥126

【材料】(1人分)

明太子…1/2はら
高菜漬け…50g
卵…1個

【作り方】

1 明太子は皮を取り除き、高菜は食べやすい大きさに切り、温泉卵を作っておく。

2 ご飯を器によそって、①を盛りつけたら完成。

ONE POINT 温泉卵ではなく、生卵でもTKGのようになり美味。

卵とエビの絶妙コンビ！

ふんわりエビチリ丼

TOTAL PRICE
¥94

【材料】（1人分）

むきえび（冷凍）…5尾
卵…2個

A
- ケチャップ…大さじ1
- 酒・ごま油…各小さじ1
- 砂糖…小さじ1
- 鶏ガラスープの素(顆粒)…少々
- しょうゆ…小さじ1/2
- 水…大さじ1
- 豆板醤…小さじ1
- にんにくチューブ…1cm
- しょうがチューブ…1cm

刻みのり…適宜

【作り方】

1. むきえびの背わたを取る。
2. フライパンで焼き色がつくまでむきえびを加熱する。
3. Aを加えさらに炒め、最後に溶き卵を入れ、半熟の状態で火を止める。
4. ご飯を器によそって、③を盛りつけ、お好みで刻みのりを散らしたら完成。

ONE POINT 冷凍むきえびの背わたは半解凍の状態が一番取りやすいです。

タレも最高

ぜいたく丼

海の幸をこってりソースで！

ホタテのBBQ丼

TOTAL PRICE ¥143

【材料】（1人分）

ホタテ…3個
ウインナー…2本
アスパラガス…1本
コーン（缶詰）…大さじ1

A
ケチャップ…小さじ2
中濃ソース…小さじ1
しょうゆ、砂糖、塩こしょう…少々

【作り方】

1. フライパンにウインナー、アスパラガスを入れ、加熱する。
2. さらにホタテを入れ、具材に少し焼き色がつく程度まで炒める。
3. Aを加え、味付けをする。
4. ご飯を器によそって、③とコーンを盛りつけたら完成。

ONE POINT バターしょうゆで味付けするのも極ウマです。

魚

薬味がきいた漁師風レシピ

なめろう丼

TOTAL PRICE
¥99

【材料】（1人分）

あじ（刺身用）…1匹分

A
- ごま油…小さじ1
- しょうがチューブ…2cm
- 味噌…小さじ2
- 刻みねぎ…適量

卵黄…1個

しょうゆ、麻辣ペッパー…お好みで

【作り方】

1. あじを包丁でたたいて細かく刻む。
2. Aを加えて混ぜ合わせる。
3. ご飯を器によそって、②と卵黄を盛りつけ、お好みで、しょうゆや麻辣ペッパーをかけたら完成。

ONE POINT しょうゆは隠し味程度に、少なめでOKです。

お刺身をアレンジ

ぜいたく丼

旬の時期にぜいたくに試したい

かつおのユッケ丼

TOTAL PRICE ¥132

【材料】(1人分)

かつお(刺身用)…80g
アボカド…1/2個
A
しょうゆ…小さじ2
ごま油…小さじ1
砂糖…小さじ1
にんにくチューブ…2cm
卵黄…1個
小ねぎ…適宜

【作り方】

1. かつおとアボカドを1.5cm角に切る。
2. ①にAを混ぜ合わせる。
3. ご飯を器によそって、②と卵黄を盛りつけ、お好みで小ねぎを散らしたら完成。

ONE POINT 季節のお魚で、いろいろ試してください!

豆腐で
じんわり
旨い

心も体も暖める

ぜいたく丼

旨味が染みた豆腐の幸福感

肉豆腐丼

TOTAL PRICE ¥140

【材料】（1人分）

牛肉肩ロース切り落とし…50g
木綿豆腐…100g
たまねぎ…1/4個
まいたけ…1/2パック
A
- 水…80ml
- しょうゆ…小さじ3
- 砂糖…小さじ2
- 酒…小さじ2
- みりん…小さじ2
- だしの素（顆粒）…小さじ1/2

ごま油…小さじ2
小ねぎ…適宜

【作り方】

1. 牛肉、木綿豆腐、たまねぎ、まいたけを食べやすい大きさに切る。
2. ごま油を入れた鍋で牛肉、たまねぎを加熱する。火が通ったら、さらにまいたけを加える。
3. 木綿豆腐、Aを加え、蓋をせず弱火で10分ほど加熱する。
4. ご飯を器によそって、③を盛りつけ、小ねぎを散らしたら完成。

ONE POINT 木綿豆腐は絹ごし豆腐よりもタンパク質、カルシウム、鉄分が多く含まれています。

豆腐

心が落ち着くじんわりレシピ

豆腐となすのほっこり丼

TOTAL PRICE
¥43

【材料】（1人分）

なす…1/2本
木綿豆腐…100g

A
- 水…50cc
- 白だし…大さじ1
- 酒…大さじ1
- みりん…小さじ2
- しょうゆ…小さじ1
- 砂糖…小さじ1/2

水溶き片栗粉…小さじ3
小ねぎ…適宜

【作り方】

1. なす、木綿豆腐を食べやすい大きさに切る。
2. 鍋に木綿豆腐、Aを入れ、5分ほど加熱する。
3. なすを加え、強火にしてさっと味を染み込ませる。
4. 火を止め、水溶き片栗粉でとろみをつける。
5. ご飯を器によそって、④を盛りつけ、小ねぎを散らしたら完成。

ONE POINT なすは色落ちを防ぐため強火でさっと加熱し、短時間で味を染み込ませて。また、皮の部分を上向きに並べ、汁がぎりぎり被らないように加熱することも重要。

豆腐の可能性

みんな大好きハンバーグ

豆腐ロコモコ丼

TOTAL PRICE ¥75

※1人分

【豆腐ハンバーグの材料】（4人分）

A
- 合びき肉・絹ごし豆腐…各200g
- パン粉…大さじ6
- たまねぎ…1/4個
- 卵…1個
- コンソメ…小さじ1
- 塩こしょう…適量

【豆腐ロコモコ丼の材料】（1人分）

上記の豆腐ハンバーグ・卵…各1個

B
- ケチャップ…小さじ4
- 中濃ソース…小さじ2
- 酒…小さじ3
- みりん…小さじ1/2

【作り方】

1. たまねぎをみじん切りにする。目玉焼きを作っておく。
2. Aをすべて混ぜ合わせる。4等分し、ハンバーグの形にまとめる。
3. ②をフライパンで両面焼く。混ぜ合わせたBを加え、ハンバーグにからめる。
4. ご飯を器によそって、ハンバーグ、目玉焼きを盛りつけたら完成。

ONE POINT 豆腐ハンバーグは作り置きして冷凍し、和風味などいろいろ楽しみましょう。

野菜でも満腹になれますよ!

鮮やかグリーン

驚くほど野菜が摂れる

2色ピーマン丼

TOTAL PRICE
¥100

【材料】（1人分）

ピーマン…2個
赤ピーマン…2個
納豆…1パック
卵黄…1個
A
- 鶏ガラスープの素（顆粒）…小さじ1
- 塩こしょう…少々

いりごま…少量

【作り方】

1. ピーマン、赤ピーマンを3㎜程度の輪切りにし、耐熱皿に盛る。
2. ①にAを加えラップをかけて、電子レンジで2分加熱する。
3. ご飯を器によそって、②と納豆、卵黄を盛りつけ、いりごまを振りかけたら完成。

ONE POINT 赤ピーマンが季節的に手に入りにくい時は、パプリカで代用してもOK！

野菜

ゴーヤと納豆、Wの苦みが旨い

ゴーヤ納豆丼

TOTAL PRICE
¥75

【材料】（1人分）

ゴーヤ…1/4個
納豆…1パック
ウインナー…2本
しょうゆ…小さじ1
塩（下処理用）…少々
卵黄…1個

【作り方】

1. ゴーヤは塩揉みし、苦みを軽減させる下処理をしておく。
2. ゴーヤとウインナーをフライパンで加熱し、しょうゆで味をつける。
3. ご飯を器によそって、②と納豆、卵黄を盛りつけたら完成。

ONE POINT 変化をつけたい時はポン酢やめんつゆで。

沖縄の味

自然の甘みを感じる
シンプルしりしり丼

TOTAL PRICE
¥90

【材料】（1人分）

にんじん…1本
卵…1個
ツナ缶…1/2缶（35g）
塩…小さじ1/2

【作り方】

1. 皮をむいたにんじんを細切りにする。油をひかないフライパンでにんじんを炒める。
2. にんじんがしなっとなったら、ツナを加え、さらに炒める。最後に塩で味をととのえてから、溶き卵を加えて混ぜる。
3. ご飯を器によそって、②を盛りつけたら完成。

ONE POINT から煎りで、にんじんの味が濃厚に。

野菜

ぜいたく丼

たらこの深みが効いてます！

たらこしりしり丼

TOTAL PRICE
¥114

【材料】（1人分）

にんじん…1本
たらこ…1/2はら
オリーブオイル…小さじ1
塩…少々
刻みのり…お好みで

【作り方】

1. 皮をむいたにんじんを細切りにする。油をひかないフライパンでにんじんを炒める。
2. にんじんがしなっとしたら、オリーブオイルを加えさらに炒める。
3. 火を止め、たらこを加え混ぜ合わせ、塩で味をととのえる。
4. ご飯を器によそって、③を盛りつけ、お好みで刻みのりを散らしたら完成。

ONE POINT たらこは火を通しすぎないこと！

野菜きわだつ

ガーリックでご飯が進む！

ししとうベーコンスタミナ丼

TOTAL PRICE ¥100

【材料】（１人分）

ししとう…６本
ベーコン…1.5枚
にんにく…１/２片
A しょうゆ…小さじ２
　塩こしょう…少々
卵…１個

【作り方】

1. ししとう、ベーコンを食べやすい大きさに切り、にんにくはみじん切りにする。
2. フライパンでにんにくを炒め、さらにししとう、ベーコンを加える。Ａで味付けをする。
3. ご飯を器によそって、②、卵を盛りつけたら完成。

ONE POINT にんにくはじっくり炒めて香りを立たせてください!

野菜

歯ごたえシャキシャキ

レタスの豚肉巻き丼

TOTAL PRICE
¥73

【材料】（1人分）

レタス…2枚
豚バラ肉…3枚（約75g）
A
- めんつゆ…大さじ1
- しょうゆ…小さじ1/2
- しょうがチューブ…1cm

片栗粉…適量

【作り方】

1. レタスを適度な大きさに手でちぎり、豚バラ肉を巻く。
2. 豚バラ肉の部分に片栗粉をまぶす。
3. フライパンで②を焼く。
4. 豚バラ肉に火が通ったらAを加えて、全体にタレをからめる。
5. ご飯を器によそって、④を盛りつけたら完成。

ONE POINT 熱でレタスがしなっとなってしまうので、タレが全体にからんだら早めに火を止めます。

もやしの安値パワー

究極の節約丼！

もやし卵のあんかけ丼

TOTAL PRICE
¥29

【材料】（1人分）

もやし…1/2袋
卵…1個
塩こしょう…少々
A
- オイスターソース…大さじ1
- ポン酢…大さじ1
- 砂糖…小さじ1
- 鶏ガラスープの素（顆粒）…小さじ1
- 水…50cc

水溶き片栗粉…小さじ3
小ねぎ…適量

【作り方】

1 もやしをフライパンでしなしなになるまで加熱する。塩こしょうで味付けをする。

2 卵をフライパンで半熟の状態まで焼く。

3 最後に鍋にAを入れ加熱し、火を止め、水溶き片栗粉を加えとろみをつける。

3 ご飯を器によそって、①②を盛りつけ、③をかけ、小ねぎを散らしたら完成。

ONE POINT 「あん」は多めにしてあります。お好みで調節してください。

ご飯モノの
新境地!!

じんわり魚の旨み

香ばしい鮭がゴロゴロ！

焼き鮭しめじご飯

TOTAL PRICE
¥59
※１人分

【材料】（２人分）

米…１合
しめじ…１/２パック
水…200ml
A しょうゆ…大さじ1
酒…大さじ1
みりん…小さじ2
だしの素（顆粒）…小さじ1
塩鮭…１切れ

【作り方】

1. 炊飯器に洗った米、しめじ、水、Ａを加え炊き込む。
2. 塩鮭をフライパンで焼き、焼き色をつける。
3. ①と②を混ぜ合わせて完成。

ONE POINT 脂ののった鮭を選ぶと、あっさりしめじご飯との対比で箸が止まらなくなります。

優しい味わいが後を引く
しらすレタスチャーハン

TOTAL PRICE
¥62

【材料】（1人分）

ご飯…200g
釜揚げしらす…10g
ベーコン（または焼き豚）…1枚
レタス…1枚
卵…1個
A
- しょうゆ…小さじ1
- 鶏ガラスープの素（顆粒）…小さじ1
- マヨネーズ…小さじ1
- 塩こしょう…少々

ブラックペッパー…お好みで

【作り方】

1. ベーコン、レタスを食べやすい大きさに切る。ボウルで卵を溶き、その中にご飯を入れ、さらに混ぜ合わせる。
2. フライパンにベーコンを入れ、焼き色がつくまで加熱し、さらに①の卵・ご飯としらすを加え炒める。卵が均等になるように素早く混ぜる。
3. Aで味をととのえ、さらにレタスを入れて、しなっとする前に火を止める。器に盛り、お好みでブラックペッパーをかけたら完成。

ONE POINT 強火でさっと水分を飛ばすように作ると、ぱらぱらチャーハンになります!

辛さは幸せ

納豆の食感と唐辛子の刺激！

大辛！ 納豆カレーチャーハン

TOTAL PRICE ¥61

【材料】（1人分）

ご飯…200g
たまねぎ…1／4個
納豆…1パック
コーン（缶詰）…大さじ2
A
- カレー粉…大さじ1
- しょうゆ…小さじ1
- 鶏ガラスープの素（顆粒）…小さじ1
- 塩こしょう…少々

刻みねぎ…適量
卵黄…1個
麻辣ペッパー…お好みで

【作り方】

1. フライパンにたまねぎを入れて、色が透き通るまで加熱する。
2. さらに、ご飯とAを加え混ぜ合わせる。
3. 最後に火を止め、納豆とコーンを加えて混ぜる。
4. ③と卵黄を盛りつけ、刻みねぎ、お好みで麻辣ペッパーを振りかけたら完成。

ONE POINT カレーに納豆。この組み合わせを試したことがない人は、ぜひどうぞ!

ご飯

卵チャーハンと合わせて華やかに

トマト麻婆丼

TOTAL PRICE
¥94

【材料】（1人分）

木綿豆腐…100g
豚ひき肉…40g
トマト…1/2個
A
鶏ガラスープ…80ml
酒…大さじ1
しょうゆ・味噌…各小さじ2
みりん・豆板醤…各小さじ1
水溶き片栗粉…適量
ごま油…小さじ2
にんにくチューブ…2cm
しょうがチューブ…2cm
小ねぎ…お好みで

【作り方】

1 フライパンにごま油を入れ、豚ひき肉、にんにくチューブ、しょうがチューブを加え炒める。

2 Aを加え、さらに加熱する。

3 ②が沸いてきたら、木綿豆腐、トマトを入れ、弱火で加熱。

4 最後に水溶き片栗粉でとろみをつける。

5 ご飯を器によそって、④を盛りつけ、お好みで小ねぎを散らしたら完成。

ONE POINT 豆板醤の量で辛みを調節してください！

TOTAL PRICE
¥56

魚と愛をこめて握る

見た目も楽しいガッツリおにぎり

ししゃもおにぎり

【材料】（2個分）

子持ちししゃも…2匹
ご飯…200g
A｜マヨネーズ…大さじ1
　｜しょうゆ…小さじ1
七味唐辛子…お好みで

【作り方】

1. ししゃもをフライパンで加熱し、両面に焼き色をつける。
2. ししゃもの頭と尾を取り、ご飯に混ぜ合わせる。
3. Aで味付けをして握り、お好みで七味唐辛子をかけて完成。

ONE POINT 青菜を少し混ぜて、彩りを加えるのもいいですよ!

ご飯に最高に合う青魚をIN!

塩サバとろろ昆布おにぎり

TOTAL PRICE
¥80

【材料】（2個分）

サバ（切り身）…1切れ
ご飯…200g
ごま油…大さじ1
塩…少々
とろろ昆布…適量

【作り方】

1. フライパンにごま油を入れ、サバを加熱し焼き色をつける。
2. サバをご飯に混ぜ込み、塩、とろろ昆布を入れて味をととのえ、握って完成。

ONE POINT おぼろ昆布が手に入る方は、とろろ昆布より繊維がしっかりしているので、おにぎりを巻いて食べるのもGOOD。

洋風ご飯に一工夫

隠し味の味噌で風味UP！

ベーコンコーンおにぎり

TOTAL PRICE
¥71

【材料】（2個分）

ベーコン（ブロック）…50g
コーン（缶詰）…大さじ2
ご飯…200g
A | 味噌…小さじ1
　| マヨネーズ…小さじ1
塩こしょう…少々
粉チーズ…お好みで

【作り方】

1. ベーコンを角切りにし、フライパンで焼く。
2. ボウルにすべての材料を入れ、混ぜ合わせる。
3. おにぎりにし、フライパンで両面を焼き色がつくまで焼く。お好みで粉チーズをかけて完成。

ONE POINT 具材が大きく崩れやすいため、固めに握るか、少々水を加えながら握ると焼く時に崩れにくくなります。

さわやか、かつ濃厚

トリッパ風トマトカレー

TOTAL PRICE
¥59
※1人分

【材料】（4皿分）

トマト…1個
牛もつ…100g
にんにく…1/2片
たまねぎ…1/4個
水…400ml
A
　カレールー…箱の表示で4人分
　しょうゆ…小さじ1
　ウスターソース…小さじ1
　はちみつ…小さじ1
粉チーズ…お好みで

【作り方】

1. 牛もつを沸騰したお湯で10分ゆでる。ザルにあげ、流水で洗う。
2. 鍋ににんにくを入れ加熱し、さらにたまねぎ、牛もつを入れ炒める。その後、水を加えて15分ほど煮込む。
3. Aと適度な大きさに切ったトマトを加え、ときどきかき混ぜながら10分ほど煮込み、お好みで粉チーズをかけて完成。

ONE POINT　豚もつでも、安く美味しく作れます！

夏にサラサラいける

ぜいたく丼

郷土料理をお手軽に

即席ツナ冷や汁

TOTAL PRICE
¥145

【材料】（1人分）

ツナ缶…1缶（70g）
きゅうり…1/2本
プチトマト…2個
しそ（大葉）…1枚
A
水…300ml
味噌…大さじ2
だしの素（顆粒）…小さじ2
塩…少々
ご飯…200g

【作り方】

1. きゅうりを薄く切る。プチトマトを細かく切る。
2. きゅうりとプチトマトとツナとAを混ぜ合わせる。
3. ご飯を器によそって、②をかけ、大葉を盛りつけたら完成。

ONE POINT 薬味好きな方は、ミョウガをたっぷりかけてみてください。

丼の横にシンプルおかず

炒めもの2品

野菜をマヨのコクで食べる!

マヨブロッコリー炒め

TOTAL PRICE ¥63

【材料】（1人分）

ブロッコリー…1/3株
ベーコン（ブロック）…30g
たまねぎ…1/6個
にんにく…適量
塩こしょう…少々
マヨネーズ…大さじ1

【作り方】

1. ブロッコリーを電子レンジで1分30秒加熱する。
2. フライパンでにんにくを加熱し、さらにベーコン、たまねぎを入れ、焼き色がつくまで炒める。
3. ブロッコリー、マヨネーズ、塩こしょうを加え、和えたらすぐに火を止め完成。

ONE POINT 工程③では、余熱で和える感覚ですぐに火を止めてOK!

惣菜

京野菜の魅力を実感！

万願寺とうがらしと豚炒め

TOTAL PRICE
¥76

【材料】（1人分）

万願寺とうがらし…1本
豚バラ肉…50g
ごま油…小さじ1
A しょうゆ…小さじ1/2
A 鶏ガラスープの素（顆粒）…小さじ1/2
A 塩こしょう…少々
七味唐辛子…お好みで

【作り方】

1. 万願寺とうがらし、豚バラ肉を食べやすい大きさに切る。
2. フライパンにごま油を入れ熱し、①を入れ加熱する。
3. Aで味付けをする。
4. 器に盛ってお好みで七味唐辛子をかけたら完成。

ONE POINT 万願寺とうがらしは甘みがあるため、多めに七味をかけても◎。

おつまみにも

お酒にもご飯にも合う

なすのツナ味噌のせ

TOTAL PRICE ¥64

【材料】（1人分）

なす…1/2本
ツナ缶…1/2缶（35g）
味噌…小さじ1
砂糖…小さじ1/2
小ねぎ…お好みで

【作り方】

1. なすを1.5cmの厚さに切る。フライパンで両面を焼き色がつくまで加熱する。
2. ツナ缶の油を切り、味噌、砂糖を混ぜ合わせる。
3. なすの上に②を盛りつけ、お好みで小ねぎを散らしたら完成。

ONE POINT 使用する味噌の種類によって、味が変わってくるのも面白いです。

かわいい2色で食卓を華やかに

カラフル即席漬け

TOTAL PRICE
¥85

【材料】（1人分）

芽キャベツ…5個
ミニトマト…3個

A	酢…小さじ2
	砂糖…小さじ1
	塩…小さじ1/2
	だしの素（顆粒）…小さじ1/2

【作り方】

1. 芽キャベツを下ゆでし、ミニトマトは味が染みやすいよう皮に多少の切り込みを入れる。
2. すべての材料を保存袋に入れ、半日漬け込んだら完成。

ONE POINT 芽キャベツが手に入らない季節はきゅうりやオクラで代用しても!

和と洋の融合

緑と赤のあっさりレシピ

オクラとトマトの白和え

TOTAL PRICE ¥97

【材料】（1人分）

オクラ…3本
ミニトマト…3個
木綿豆腐…100g

A
- しょうゆ…小さじ2
- ごま油…小さじ1
- うま味調味料…小さじ1/2
- かつお節…ひとつまみ

いりごま…お好みで

【作り方】

1 オクラを下ゆでし、ミニトマトは食べやすい大きさに切る。

2 ①とA、木綿豆腐を混ぜ合わせ、お好みでいりごまをかけたら完成。

ONE POINT こってり肉料理の箸休めにもGOOD。

惣菜

オシャレなのに懐かしい味

しいたけのイタリアン焼き

TOTAL PRICE ¥94

【材料】（3個分）

生しいたけ…3個
ミニトマト…3個
味噌、マヨネーズ…適量
溶けるチーズ…適量
オリーブオイル…小さじ1
乾燥バジル…適宜

【作り方】

1. 生しいたけの軸を取り、拭いて汚れを取り、ひだが上向きになるように並べる。
2. その上に、味噌、マヨネーズ、溶けるチーズ、ミニトマトを順に置く。
3. 耐熱皿に入れ、オリーブオイルをかけ、オーブントースターで15分加熱する。乾燥バジルを振りかけて完成。

ONE POINT 焦げ目がつきすぎないように、はじめの10分はアルミホイルをふわっと被せ、残りの5分で外してください。

一品足りない時に

「野菜が足りない」と思ったらコレ

オクラのツナ和え

TOTAL PRICE ¥90

【材料】（1人分）

オクラ…5本
ツナ缶…1/2缶（35g）
A マヨネーズ…小さじ2
　白だし…小さじ1/2

【作り方】

1. オクラを下ゆでする。
2. 食べやすい大きさに切ったオクラとすべての材料を和えたら完成。

ONE POINT オクラの下ゆでは1分程にします。ゆですぎるとベタベタに。

上品な香りとシャクシャク食感

長いものわさび漬け

TOTAL PRICE ¥50

【材料】（1人分）

長いも…100g
A 白だし…大さじ1
　しょうゆ…小さじ1
　わさびチューブ…2cm

【作り方】

1. 長いもを食べやすい大きさに切り、保存袋にすべての材料を入れ、半日漬け込む。

ONE POINT めんつゆとわさびの組み合わせも美味!

おわりに

この本を手に取っていただき、ありがとうございます！　監修、調理を担当した篠田真帆です。

今回は、toshiyaさんのお料理を元に、できるだけシンプルに美味しくできる手順を考えました。実際に作りながら感じたことは、toshiyaさんのお料理は、家にある食材で手軽に作れるように工夫されていること。そして、真似しながら自分でいろいろアレンジできる楽しさもあることです。

私もSNSやユーチューブなどでレシピを紹介していますが、やはり、それを見た方に実際に料理に挑戦してほしい！と思っているので、共感するところがたくさんありました。

インスタグラムでは、私は主に野菜を使った簡単レシピを公開しています。健康や美容、ダイエットにも役立ててほしいので、使った野菜の栄養価も記載しています。ひとり暮らしの方やあまり料理をしない男性も是非、作ってみてくださいね！

現在は、アスリートであるパートナーのために筋トレ飯も研究中です。減量や体調管理にストイックな彼が上手に栄養を摂るにはどうしたらいいのか？　必要な栄養素は何なのか？　そんなことを日々考えて、最近ではクルミを使った完全オーガニック商品「胡桃美人」も開発しました。トレーニングをしている方や、美容や健康に興味がある方は是非ホームページを覗いてみてくださいね！

最後に、料理は自分自身を幸せにするだけではありません。私はいつも食べてくれる人のことを考えながら料理をしています。手料理は、必ず誰かのことを考えて作られたもの。品数を考え、買い物をし、調理、盛りつけ、テーブルコーディネートまで、すべて食べてくれる人のことを考えこだわる。そんな過程がある手料理は心温まる最上級の愛情表現なのではないかと思っています。

だから私は今後、相手のことを考えて作る手料理の良さをもっと多くの人に伝え、拡げていきたいと思っています！

篠田真帆（@mahogrd2）

『胡桃美人～KURUMI BIJIN～』
生のクルミをローストせず、低温でキャラメリゼして作りあげるため、オメガ3、ビタミン、ミネラル、タンパク質などの栄養素を壊さず健康と美味しさを両立させた、完全オーガニック食品。
小腹が空いた時につまめる手軽さでトレーニング前後や美容に気を遣っている方にオススメです！
https://tsuku2.jp/kurumibijin

toshiya **原案**

Instagram（@toshiya.sh）にて、シンプルかつ大胆、そしてひねりのきいた「男飯」を発表し続ける３姉妹のお父さん。そのフォロワー数は約３万人。「いつもおうちにありそうな食材で作る簡単男飯」がテーマ。趣味は釣り。

篠田真帆 **監修／調理**

看護師などの経験を経て、現在は料理研究家として活動中。その他、PARCOでのお菓子の販売、オーガニック食品「胡桃美人」のプロデュース、有名飲食店のフードコーディネートなど多岐にわたって活躍。Instagram：@mahogrd2

Staff

デザイン　大森由美
撮影　Raira
編集　宮島紘子

おとなの 100 円丼

毎日を幸せにするガッツリレシピ

2018 年 12 月 25 日　第1刷発行

原　案　toshiya
監　修　篠田 真帆
発行者　佐野 裕
発行所　トランスワールドジャパン株式会社
〒150-0001
東京都渋谷区神宮前 6-34-15 モンターナビル
Tel.03-5778-8599 ／ Fax.03-5778-8743
印刷・製本　三松堂株式会社
Printed in Japan

ISBN 978-4-86256-250-0

◎定価はカバーに表示されています。